So geht's!

Lernmethoden für das 3./4. Schuljahr

Einführung

Mit diesem Methodenheft bekommst du eine Menge Tipps, die dir das Lernen und Forschen erleichtern.

Es ist in **vier Hauptkapitel** aufgeteilt:

- **A Fragen stellen**
- **B Informationen sammeln**
- **C Informationen bearbeiten**
- **D Ergebnisse präsentieren**

Jedes der Kapitel enthält mehrere **Lernmethoden**.
Jede Lernmethode steht auf je einer Doppelseite:

So geht's! Auf der **linken Seite** bekommst du Tipps, wie du bei dieser Methode vorgehst.

Jetzt du! Auf der **rechten Seite** hast du Platz, um

- die Methode anzuwenden und einzuüben,
- dir Notizen zu machen oder
- deine Erfahrungen mit dieser Arbeitstechnik aufzuschreiben.

Wenn du eine Lernmethode kennengelernt und bearbeitet hast, kannst du **bewerten**, wie gut du sie findest:

So findest du dich zurecht:

Jede Lernmethode in diesem Heft hat eine **Nummer**. Im Kapitel **A** heißen sie **A1**, **A2**, im Kapitel **B** heißen sie **B1**, **B2**, **B3** und so weiter.

Manchmal findest du einen **Verweis** auf eine andere Lernmethode. Dann lohnt es sich, auch diese anzuschauen und die Lerntipps zu beachten.

Viel Spaß beim Forschen und Lernen!

Inhaltsverzeichnis

A Fragen stellen

Wenn du dich mit einem Thema genauer beschäftigst, ist es wichtig, zunächst einmal die richtigen Fragen zu stellen. Auf den nächsten Seiten bekommst du einige Tipps, wie du Fragen sammeln kannst.

Du willst wissen, ...	Diese Lernmethoden helfen dir dabei:
... wie du die passenden Fragen zu einem Thema sammelst.	**A1 W-Fragen-Uhr** **A2 Fragenhand**

A1 W-Fragen-Uhr

Wenn du zu einem Thema forschst, grenzt du zuerst das Thema ein. Was genau möchtest du wissen?

Dabei kann dir die W-Fragen-Uhr helfen. Sie hat sechs Felder, in jedem steht ein W-Fragewort.

So geht's!

1. In die Mitte schreibst du das Thema.
2. Die sechs W-Fragewörter schreibst du in die äußeren Felder:
   Wer Was Wann Wo Wie Warum
3. Überlege dir dann zu jedem Fragewort eine oder mehrere passende Fragen.
4. Welche Fragen sind besonders wichtig? Markiere sie farbig. Unwichtige Fragen kannst du auch durchstreichen.

Hier siehst du eine W-Fragen-Uhr zum Thema „Eisbär".

Jetzt du!

1. Überlege dir ein Thema, das dich interessiert, und schreibe das Thema in die Mitte des Kreises.
2. Schreibe die sechs W-Fragewörter in die äußeren Felder.
3. Schreibe zu jedem Fragewort mindestens eine Frage in das Feld.
4. Markiere die Fragen farbig, die dir besonders wichtig sind.

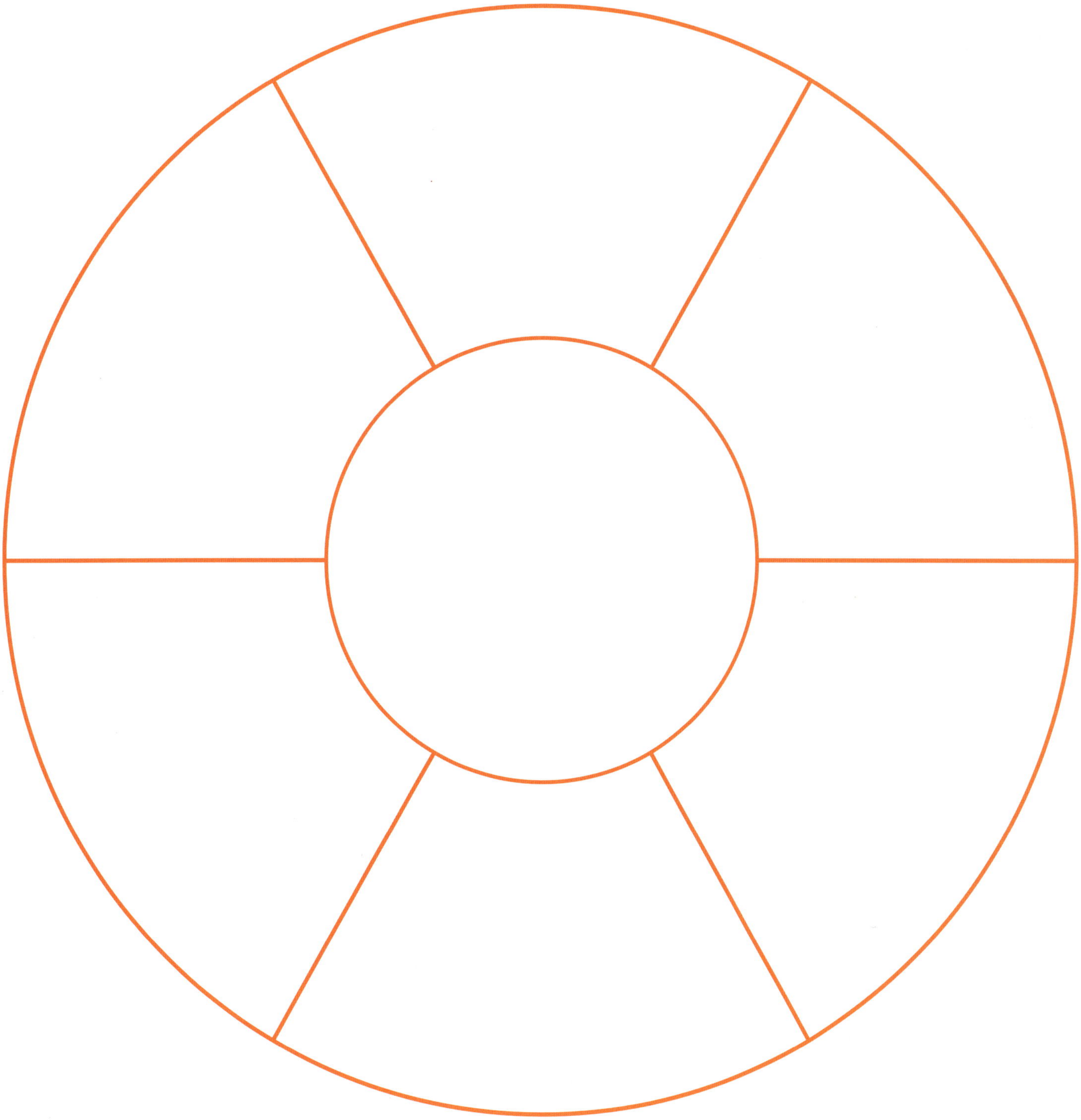

A2 Fragenhand

Die Fragenhand ist – wie die W-Fragen-Uhr – eine Möglichkeit, dir zu überlegen, was du über ein Thema wissen möchtest. Hier musst du dich auf die fünf wichtigsten Fragen beschränken.

So geht's!

1. In die Handfläche einer gezeichneten Hand schreibst du das Thema.
2. In jeden einzelnen Finger kommt eine Frage zu deinem Thema, die dich besonders interessiert. Dazu musst du genau überlegen, welches die fünf wichtigsten Fragen sind.

Hier siehst du eine Fragenhand zum Thema „Pinguin“.

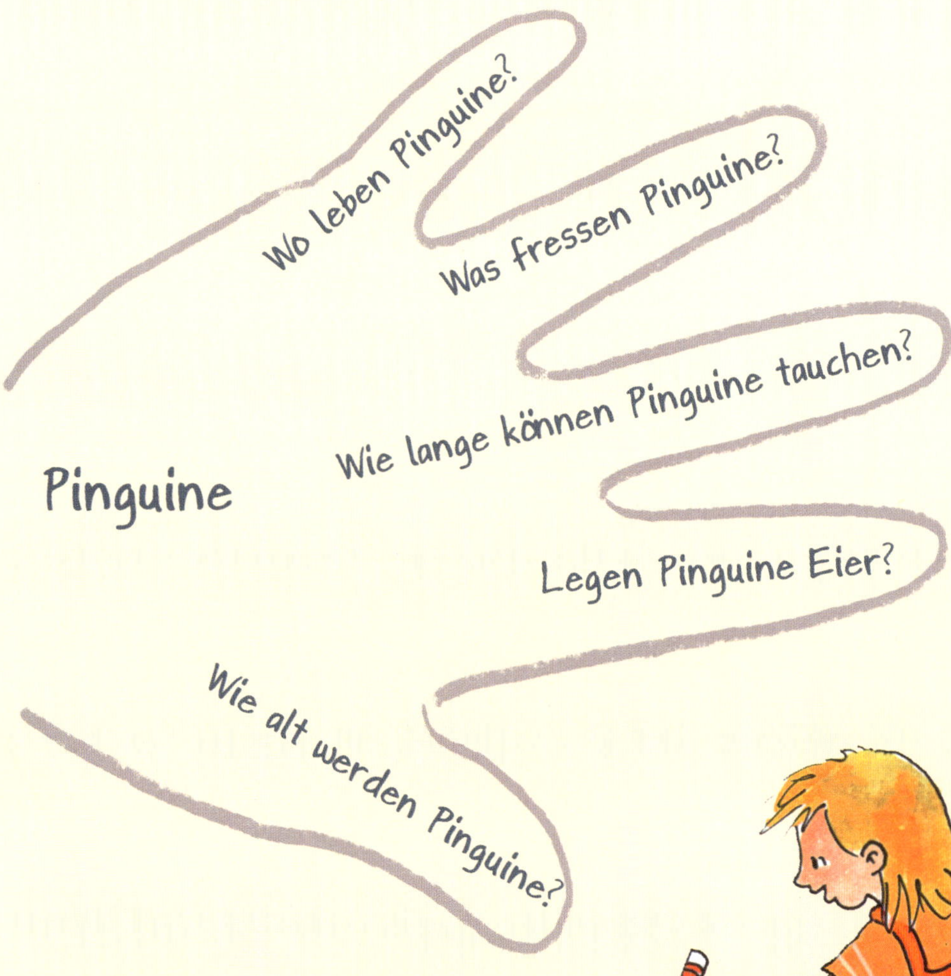

Jetzt du!

1. Lege deine Hand in die Mitte des Rahmens und umfahre sie mit einem Bleistift.
2. Überlege dir ein Thema. Schreibe es in die Handfläche.
3. Schreibe in jeden Finger eine Frage, die dich zu deinem Thema interessiert.

B Informationen sammeln

Auf den nächsten Seiten bekommst du Tipps, wo und wie du Informationen finden und sammeln kannst.

Du willst wissen, ...	Diese Lernmethoden helfen dir dabei:
... wie du die richtigen Bücher in einer Bibliothek findest.	**B1 Bibliothek/Bücherei**
... wie du die richtigen Informationen in Büchern findest.	**B2 Sachbuch** **B3 Lexikon**
... wie du die richtigen Informationen im Internet findest.	**B4 Internetsuche**
... wie du wichtige Informationen aus einem Text entnimmst.	**B5 Informationen aus Texten**
... wie du ein Interview mit einem Experten oder einer Expertin führst.	**B6 Interview**
... wie du experimentierst.	**B7 Experiment**
... wie du dir bei all dem Notizen machst.	**B8 Notizen**

B1 Bibliothek/Bücherei

In einer Bibliothek findest du jede Menge Bücher: spannende, lustige, traurige, gruselige, witzige – und auch viele ➜ Sachbücher.
Dort kannst du dich zu allen möglichen Themen informieren.

➜ B2

Tipp

Wenn du das erste Mal eine Bibliothek besuchst, solltest du dich zuerst einmal in Ruhe umschauen. Gerne helfen dir auch die Menschen, die dort arbeiten, dich zurechtzufinden.

Manchmal gibt es auch einen Computer, in dem du mithilfe von Stichwörtern nach Büchern suchen kannst.

So geht's!

1. Die Bücher in den Regalen sind meist nach bestimmten Themen sortiert. So findest du bestimmt etwas über

Amseln	➜	im Regal	**Tiere bzw. Vögel**
Birken	➜	im Regal	**Pflanzen bzw. Bäume**
Strom	➜	im Regal	**Technik**
Europa	➜	im Regal	**Erdkunde**

2. Innerhalb eines Themenregals sind die Bücher auch sortiert, manchmal nach dem ABC, manchmal nach Untergruppen. Das findest du sicher schnell heraus.

Jetzt du!

Besuche eine Bibliothek / Bücherei und bearbeite folgende Aufgaben:

1. Fülle den **Bibliothek-Steckbrief** aus:

Die Bibliothek heißt:

In der Bibliothek hilft:

Die Regale sind nach diesen Bereichen geordnet:

Innerhalb der Regale sind die Bücher geordnet nach

○ dem ABC ○ Untergruppen ○

2. Suche zu **drei Themen** Sachbücher in der Bibliothek. Schreibe auf, in welchem Regal und an welchem Platz im Regal du zu diesen Themen Bücher gefunden hast:

Thema 1: Dinosaurier	Fundort:
Thema 2:	Fundort:
Thema 3:	Fundort:

B2 Sachbuch

In einem Sachbuch erfährst du viele wichtige Informationen zu deinem Thema.

So geht's!

1. Welche Informationen brauchst du?
   Notiere ein oder mehrere Stichwörter.

2. Suche im Stichwortregister nach diesen Begriffen.

   Schreibe alle angegebenen Seitenzahlen auf.

3. Schaue im Buch auf diesen Seiten nach und → notiere dir die Informationen, die für dich wichtig sind.

→ B8

Jetzt du!

1. Notiere das Thema, über das du dich informieren willst:

2. Schreibe zwei Stichwörter auf, die zu diesem Thema gehören:

3. Nimm dir 2–3 Sachbücher und suche nach diesen Stichwörtern.
   Schreibe die wichtigsten Informationen, die du auf den angegeben Seiten dazu findest, auf.

Stichwort:

Informationen:

Stichwort:

Informationen:

B3 Lexikon

In einem Lexikon findest du die wichtigsten Informationen oder Erklärungen zu vielen verschiedenen Themen. Die einzelnen Themen sind dort alphabetisch geordnet, damit du nicht lange suchen musst.

Tipp

Manche Lexika behandeln nur ein Oberthema, wie zum Beispiel ein Tierlexikon oder ein Lexikon über Technik. Es gibt aber auch allgemeine Lexika, in denen verschiedene Themen erklärt werden.

So geht's!

1. Überlege, zu welchem Thema du Informationen brauchst.
2. Notiere alle Stichwörter auf einen Zettel, die dir bei diesem Thema weiterhelfen können. (Wenn du dich zum Beispiel über „Graupapageien" informieren willst, notiere auch das Stichwort „Papagei".)
3. Nun überlege, welche Lexika dir weiterhelfen könnten.
4. Suche dort nach den Begriffen, die du notiert hast. Denke daran, dass die Themen im Lexikon alphabetisch geordnet sind!
5. Lies die Einträge und mache dir → Notizen zu deinem Thema.

→ B8

Jetzt du!

Überlege dir, zu welchem Thema du Informationen aus einem Lexikon benötigst und gehe wie beschrieben vor:

Dein Thema:

Deine Stichwörter:

Deine Notizen:

B4 Internetsuche

Im Internet gibt es unzählige Informationen zu allen Themen.

Tipp

Am besten benutzt du **Kindersuchmaschinen**. Sie finden die Seiten im Internet, die gute und interessante Informationen für Kinder liefern!

Adressen von Kinder-Suchmaschinen:

http://www.blinde-kuh.de
http://www.fragfinn.de
http://www.helles-koepfchen.de

So geht's!

1. Zu welchem Thema suchst du Informationen? Notiere dir einige Stichwörter, die dir dazu einfallen. Achte darauf, dass sie richtig geschrieben sind, sonst kann die Suchmaschine sie nicht finden.
2. Öffne deinen „Browser" (lies: brauser) und gib die Adresse einer Kinder-Suchmaschine oben in die Adresszeile ein.
3. Schreibe eines deiner Stichwörter als Suchbegriff in die „Suche" und klicke auf 🔍, „Suchen" oder „Los!".
4. Wähle eine Seite aus, indem du auf den Titel der Seite klickst. Ein neues Fenster öffnet sich und du siehst die erste Seite dieses Internetangebots, die Homepage (lies: hompäidsch).

   Wenn du sogenannte „Links" anklickst, kommst du zu anderen Seiten.

   Tipp: „Links" erkennst du so: Der Pfeil ↖, der von der Maus gesteuert wird, verwandelt sich in eine Hand ☝, wenn er über einen Link fährt.
   Mit dem Zurück-Pfeil ◀ oben links kommst du zurück auf die vorherige Seite!
5. Lies die Informationen zu deinem Thema und ➜ notiere dir die wichtigsten. Später kannst du damit dann einen eigenen Text verfassen. ➜ B8
6. Schließe das Fenster und klicke eine neue Seite an.

Jetzt du!

1. Überlege dir ein Thema, das dich interessiert und zu dem du Fragen hast:

2. Suche im Internet nach Informationen wie links beschrieben.
3. Hast du brauchbare Informationen gefunden? Was hat gut funktioniert? Was war schwierig? Notiere hier deine Erfahrungen.

4. Tausche dich mit einem anderen Kind aus.
Welche Tipps kannst du geben? Welche bekommst du?

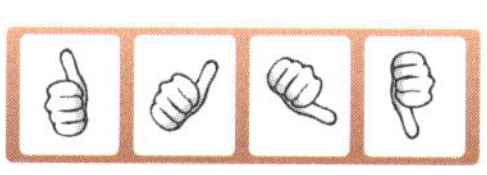

B5 Informationen aus Texten

Wenn du an einem Thema arbeitest und Informationen suchst, musst du oft einen oder auch mehrere Texte lesen. Nicht in jedem Satz findest du wichtige Informationen, die du brauchst. Markiere während des Lesens wichtige Wörter oder unterstreiche sie. So wird der Text übersichtlicher und du siehst die wichtigen Informationen auf einen Blick.

Arbeitest du mit Büchern, darfst du natürlich nicht hineinschreiben und etwas markieren. **Tipp:** Notiere dann auf einem Blatt wichtige Stellen aus dem Text.

So geht's!

1. Lies den Text aufmerksam: Um was geht es?
2. Lies den Text noch einmal und überlege, welche Wörter oder Sätze besonders wichtig sind. Streiche sie mit einem Textmarker (Leuchtstift) oder einem Buntstift (Farbstift) und Lineal an. Achte darauf, nur das Allerwichtigste farbig hervorzuheben, damit alles übersichtlich bleibt.
3. Am Textrand kannst du Anmerkungen machen:
   - ein dickes Fragezeichen, wenn etwas unklar ist,
   - ein Ausrufezeichen, wenn etwas besonders wichtig oder
   - kurze Notizen für eigene Ideen und Bemerkungen.

Dinosaurier

Vor mehr als 100 Jahren fanden Forscher riesige Knochen. Diese Knochen waren versteinert. Die Forscher fanden heraus, dass sie von Echsen stammen mussten. Sie vermuteten, dass die Tiere mehrere Tonnen schwer gewesen waren. Sie gaben ihnen den Namen Dinosaurier. Das bedeutet „schreckliche Echse". ?

Wie schwer genau?

Jetzt du!

Hier siehst du einen Beispieltext, an dem du üben kannst.

Deine Aufgabe:

Finde heraus, wie der Igel sich auf seinen Winterschlaf vorbereitet.

Der Igel im Winter

Während im Herbst die ersten Blätter von den Bäumen fallen, macht sich der Igel schon bereit für den bevorstehenden Winter. Er ist nun immer auf Nahrungssuche, denn er muss sich eine dicke Speckschicht anfressen, bevor der erste Schnee fällt. Denn bei Schnee würde er nichts mehr zu fressen finden und würde verhungern. Also ist er von früh bis spät damit beschäftigt, Schnecken, Würmer oder reifes Obst zu suchen. Wenn es dann immer kälter wird, sucht sich der Igel einen geschützten Platz im Garten, am Waldrand oder in der Hecke. Unter einer dicken Laubschicht oder einem Reisighaufen rollt er sich zusammen und schläft dort bis zum nächsten Frühjahr. Wenn die ersten warmen Sonnenstrahlen da sind, erwacht er aus seinem Winterschlaf und begibt sich gleich auf Nahrungssuche. Er ist in den langen Wintermonaten sehr dünn geworden und hat Hunger.

1. Lies den Text mehrmals.
2. Markiere wichtige Wörter oder Sätze, die zur Aufgabe passen.
3. Mache dir am Rand Notizen, so wie links beschrieben.

B6 Interview

Das englische Wort „Interview“ (sprich: interwju) bedeutet „ein Gespräch führen“ oder „jemanden befragen“. Zu einem Interview gehören also immer mindestens zwei Personen: Eine stellt Fragen, die andere antwortet.

So geht's!

So planst du das Interview:

1. Notiere dein Interviewthema.
2. → Sammle und notiere deine Fragen. → A1
3. Welche Fragen gehören zusammen? Gibt es eine → sinnvolle Reihenfolge? Schreibe sie geordnet auf und nummeriere sie. → C1
4. Überlege, wer könnte zu diesem Thema viel wissen und wäre ein guter Interviewpartner? Frage die Person, ob du sie interviewen darfst.

So führst du dein Interview durch:

Mach dir Notizen in Stichworten.

Schreibe zu jeder Antwort, die du bekommst, einige Stichworte auf. Nummeriere sie passend zu deinen Fragen. So weißt du später genau, welche Antwort zu welcher Frage gehört.

Oder nimm das Interview mit einem Aufnahmegerät auf.

Teste dein Aufnahmegerät vor dem Interview, ob es funktioniert und ob die Aufnahme gut zu verstehen ist. Schalte es zu Beginn des Interviews ein. Am Ende stoppst du die Aufnahme.

Nach dem Interview hörst du deine Aufnahme Stück für Stück an und schreibst die Antworten des Interviewten auf. Bei langen Antworten kannst du das Wichtigste zusammenfassen und in Stichworten → notieren. → B8

Jetzt du!

1. Plane ein Interview und führe es wie beschrieben durch.
2. Schreibe hier auf, welche Erfahrungen du gemacht hast. Was lief gut, was lief nicht so gut? Was würdest du beim nächsten Mal anders machen?

Mein Interviewpartner:

Das Thema:

Meine Erfahrungen:

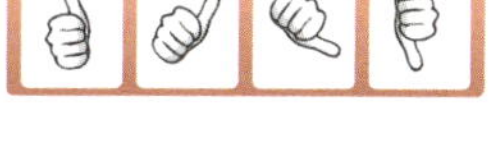

B7 Experiment

Das Wort „Experiment“ kommt aus dem Lateinischen und heißt „Versuch“. Dabei versucht man zum Beispiel herauszufinden, warum etwas geschieht oder wie etwas funktioniert.

Beim Experimentieren ist es sinnvoll, in fünf Schritten zu planen.

So geht's!

1. **Frage:** Was genau willst du wissen? Was willst du untersuchen?

   Welche Gegenstände
   können schwimmen?

2. **Plan:** Überlege, welches Experiment dir Antworten auf deine Frage geben kann. Was benötigst du dafür?

   - Wasser im Behälter
   - verschiedene Materialien

3. **Vermutung:** Was denkst du, wie das Experiment verlaufen wird? Was wird deiner Meinung nach passieren?

schwimmt	schwimmt nicht
Bleistift	Nagel
Holzlineal	Bauklotz
Korken	Schere

4. **Versuch:** Führe deinen Versuch durch und notiere, was du beobachtest.

schwimmt	schwimmt nicht
Bleistift ✓	Nagel ✓
Holzlineal ✓	~~Bauklotz~~
Korken ✓	Schere ✓
Bauklotz	

5. **Ergebnis:** Hattest du mit deiner Vermutung recht? Warum ist genau das passiert? Hast du dafür eine Erklärung?

Jetzt du!

1. Überlege dir ein Experiment, zum Beispiel zur Frage:

   Wann leuchtet eine Glühbirne? Welche Dinge sind magnetisch? Wie viel Gewicht hält eine Brücke aus Papier aus?

2. Führe dein Experiment in den fünf Schritten

   Frage – Plan – Vermutung – Versuch – Ergebnis

   durch und notiere deine Ideen und Beobachtungen.

Frage:

Plan:

Vermutung:

Versuch:

Das habe ich gemacht:

Das ist passiert:

Ergebnis:

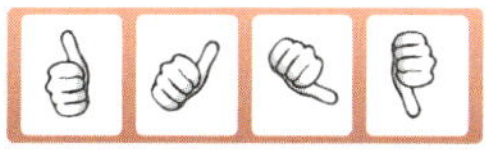

B8 Notizen

Notizen machst du dir meist, wenn du keine Zeit hast, ausführlich und in ganzen Sätzen zu schreiben. Zum Beispiel bei einem ➜ Interview oder wenn du dir beim Hören eines Vortrags oder einer Geschichte unbedingt etwas merken möchtest.

➜ B6

So geht's!

Beim Schreiben von Notizen gibt es keine bestimmten Regeln.
Diese Tipps können dir aber helfen, übersichtliche Notizen anzufertigen:

- Schreibe nur einzelne Stichworte auf, keine ganzen Sätze.
- Schreibe Wichtiges größer, Unwichtiges kleiner.
- Auch durch Unterstreichen, Farben, Ausrufezeichen, Pfeile kannst du Wichtiges markieren.
- Benutze Pfeile oder Striche um Stichwörter zu verbinden, die zusammen gehören.

Jetzt du!

1. Lasse dir von jemandem eine Geschichte vorlesen.
2. Mache dir dabei Notizen, um dich am Ende an die wichtigsten Dinge zu erinnern.
3. Erzähle die Geschichte mit Hilfe deines Notizzettels nach.

Meine Notizen zu Geschichte

C Informationen bearbeiten

Informationen bearbeiten C

Wenn du zu einem Thema geforscht hast, hast du sicher eine ganze Menge Informationen gesammelt. Manche davon sind wichtig, andere brauchst du nicht unbedingt.
Auf den nächsten Seiten bekommst du Tipps, wie du Informationen bearbeiten, ordnen und behalten kannst.

Du willst wissen, ...	Diese Lernmethoden helfen dir dabei:
... wie du beurteilst, welche Informationen wichtig und welche unwichtig sind.	**C1 Stufenleiter**
... wie du Informationen und Ideen ordnest.	**C2 Platzdeckchen** **C3 Wortigel** **C4 Gedankenkarte (Mind-Map)** **C5 Fischgräten**
... wie du Informationen vergleichst.	**C6 Kreis-Diagramm**
... wie du Informationen übersichtlich darstellst.	**C7 Infoskizze**
... wie du einen Stichwortzettel als Gedächtnisstütze anlegst.	**C8 Stichwortzettel**
... wie du das Wörterbuch nutzt.	**C9 Wörterbuch**
... wie du Informationen im Kopf behältst.	**C10 Gedächtnistraining:** **– Skizzentechnik** **– Schreibtechnik** **– Hörtechnik** **– Lesetechnik**

C1 Stufenleiter

Eine Stufenleiter kann dir dabei helfen, Begriffe zu sortieren, zum Beispiel nach verschiedenen Eigenschaften wie Größe, Preis, Gewicht, Alter.

Außerdem kannst du gesammelte Informationen zu einem Thema nach ihrer Wichtigkeit ordnen oder in eine zeitliche Reihenfolge bringen.

So geht's!

1. Überlege, nach welchen Eigenschaften du deine Begriffe sortieren möchtest.
2. Zeichne eine Leiter mit so vielen Feldern, wie du Begriffe hast.
3. Sortiere die Begriffe nach der gewählten Eigenschaft.

Frage:

Nach welcher Eigenschaft hat das Kind die Fahrzeuge in der nebenstehenden Stufenleiter sortiert?

Antwort:

Jetzt du!

Biene **Amsel** **Adler** **Pinguin** **Marienkäfer** **Huhn**

1. Überlege, nach welchen Eigenschaften du diese sechs Begriffe sortieren könntest.
2. Entscheide dich für eine Eigenschaft und sortiere die Begriffe in die Stufenleiter ein.
3. Überlege dir sechs neue Begriffe. Sortiere sie nach einer anderen Eigenschaft in die zweite Stufenleiter ein.
4. Tausche mit einem anderen Kind. Könnt ihr erkennen, nach welcher Eigenschaft jeweils sortiert wurde?

C2 Platzdeckchen

Das Platzdeckchen ist eine gute Methode, um in einer Gruppe zu einem gemeinsamen Ergebnis zu kommen. Am besten funktioniert das in einer Vierergruppe.

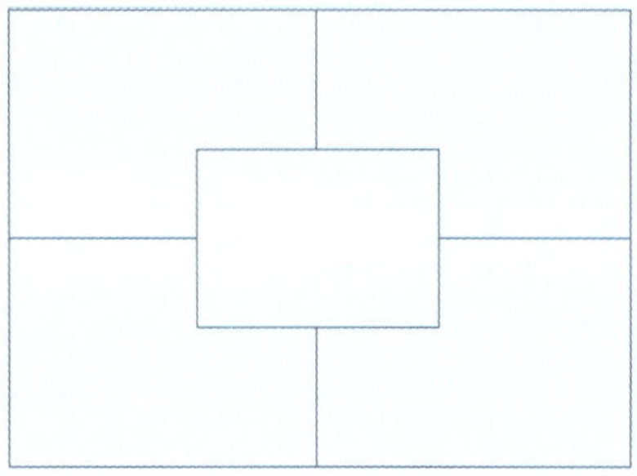

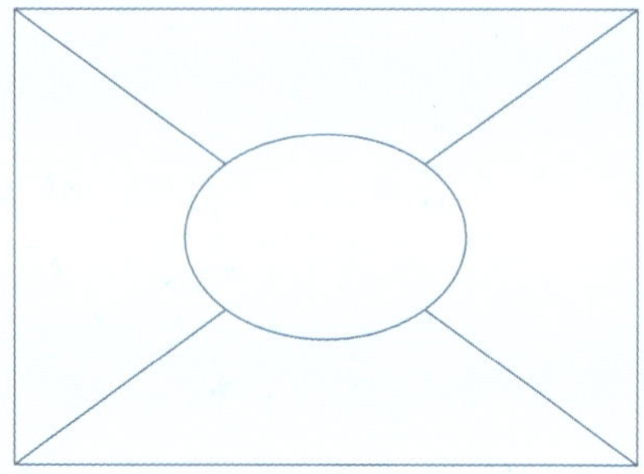

So geht's!

1. Ein Blatt in der Größe DIN A3 oder DIN A4 wird wie in einer der beiden Abbildungen aufgeteilt. Die Frage, um die es geht, wird wie in der Abbildung in die Mitte geschrieben. Jedes Kind setzt sich vor ein Außenfeld.
2. Jedes Kind schreibt in sein Feld seine eigenen Gedanken zu der Frage.
3. Dann wird das Platzdeckchen gedreht und jeder liest die Gedanken der anderen drei.
4. Anschließend einigt sich die Gruppe auf ein gemeinsames Ergebnis und schreibt dieses auch in die Mitte.

1 2

3

4

Jetzt du!

1. Suche dir drei Kinder, mit denen du ein Platzdeckchen durchführen möchtest.
2. Sucht euch ein Thema oder eine Fragestellung aus.

   Beispiele:
   – Was muss ein guter Klassensprecher können?
   – Welche Tipps gibt es, um das Einmaleins zu üben?
   – Wie sieht ein guter Forschervortrag aus?
   – Welche Spiele kann man auf dem Schulhof ohne Material spielen?
3. Führt die einzelnen Schritte des Platzdeckchens der Reihe nach durch.
4. Wenn ihr euer Platzdeckchen fotografieren könnt, klebe hier ein Foto davon ein.
5. Notiere, was aus deiner Sicht die Vor- und Nachteile eines Platzdeckchens sind.

C3 Wortigel

Mit einem Wortigel kannst du deine Ideen oder Gedanken zu einem Thema sammeln und ordnen.

Du wirst schnell merken, wie viel du von einem Thema schon weißt und wie viel dir beim Schreiben einfällt.

So geht's!

1. Schreibe das Thema in die Mitte eines Blattes und kreise es ein.
2. Nun ziehe Gedankenstriche und schreibe deine Ideen oder Einfälle zu diesem Thema auf. Schreibe ca. 5–10 Minuten.
3. Schau dir alle Begriffe an und markiere die Wörter, zu denen du weitere Ideen sammeln willst.

Jetzt du!

1. Überlege dir ein Thema, an dem du gerade arbeitest.
2. Lege das Heft quer und schreibe das Thema in die Mitte des Rahmens.
3. Notiere deine Ideen und Gedanken zum Thema, wie links beschrieben.

C4 Gedankenkarte (Mind-Map)

Mit einer Gedankenkarte kannst du deine Gedanken oder dein Wissen zu einem Thema sammeln und ordnen. Ähnlich wie auf einer Landkarte werden deine Gedankengänge sichtbar und du bekommst einen guten Überblick über dein Thema.

So geht's!

1. Notiere mit einem farbigen Stift dein Thema auf einen kleinen Zettel und lege ihn vor dich.
2. Sammle Begriffe oder Fragen, die dir zu deinem Thema einfallen und notiere sie. Benutze für jeden Begriff einen extra Zettel.
3. Lies jeden Zettel noch einmal genau. Sortiere: Welche Zettel gehören zusammen? Bilde Stapel.
4. Finde zu jedem Stapel einen Oberbegriff. Schreibe jeden Oberbegriff mit farbigem Stift auf einen Zettel und lege diesen zum Stapel.
5. Nimm ein großes Blatt und schreibe alle Begriffe ab. Ordne sie so an, wie auf der Abbildung: Das Thema kommt in die Mitte. Welche Oberbegriffe sind die wichtigsten? Sie werden mit dem Thema direkt verbunden. Die Oberbegriffe verbindest du dann mit den passenden Unterbegriffen.

Jetzt du!

1. Überlege dir ein Thema, zu dem du eine Gedankenkarte anfertigen möchtest. Zum Beispiel: „Römer“ oder „Im Haushalt helfen“ oder...
2. Erstelle eine Gedankenkarte zu deinem Thema wie links beschrieben.
3. Klebe deine Gedankenkarte (Mind-Map) oder ein Foto davon hier ein!

C5 Fischgräten

Fischgräten können helfen, gemeinsame Ideen zu ordnen. Sie eignen sich besonders gut für Vorhaben, die ihr plant, zum Beispiel eine Klassenfahrt (Schulreise), ein Vortrag oder Ähnliches.

So geht's!

1. Im Fischkopf steht euer Vorhaben.
2. Jede Gräte steht für einen bestimmten Bereich. Jeder Bereich bekommt einen Oberbegriff.
3. An den Gräten stehen Begriffe, die zu diesem Bereich gehören.

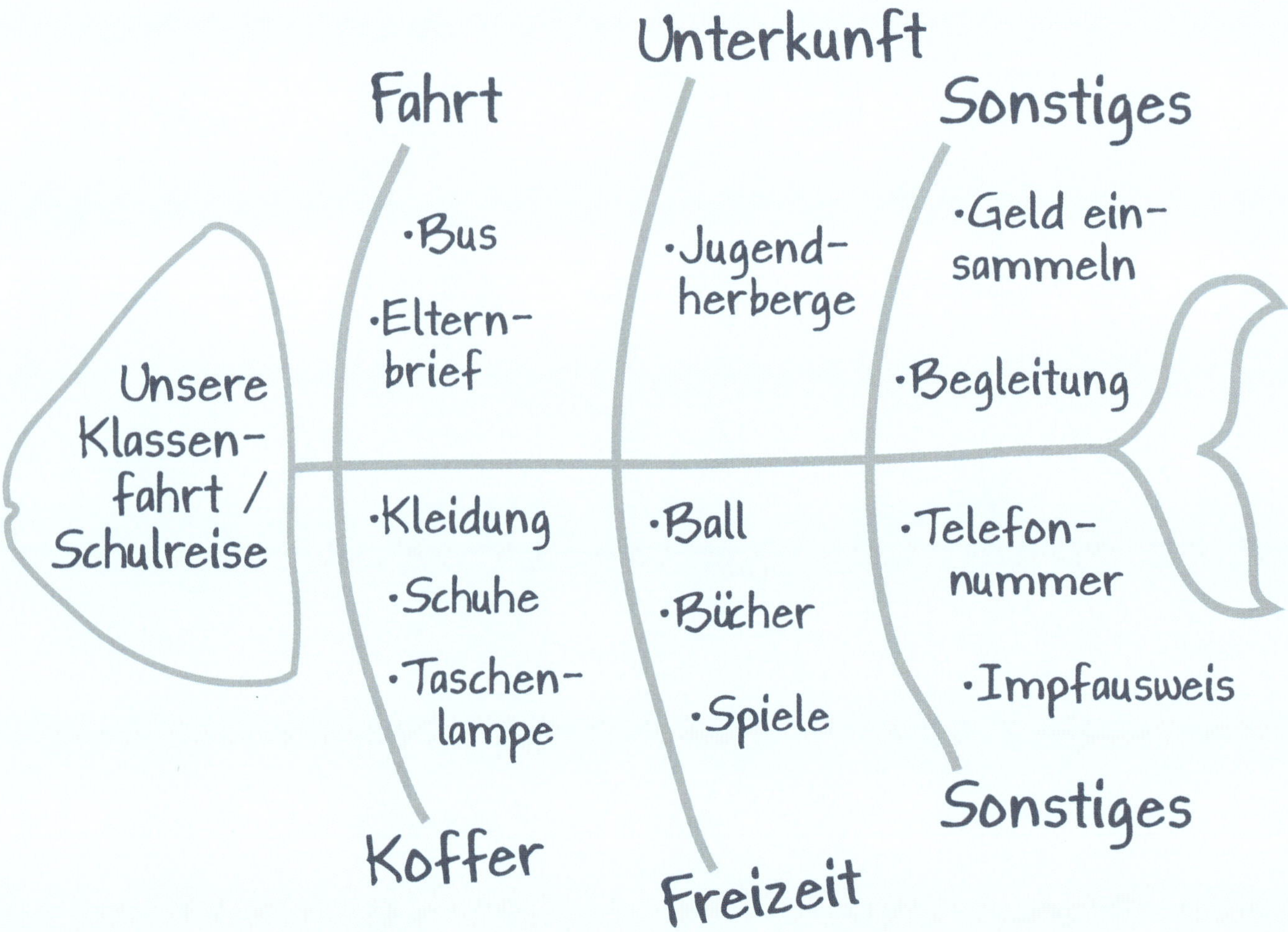

Bei diesem Beispiel hat die Klasse an die oberen Gräten Dinge geschrieben, an die die Lehrerin denken muss. Unten stehen die Dinge, an die jedes Kind denken muss.

Jetzt du!

1. Entwirf mit anderen Kindern zusammen Fischgräten zum Thema „Einen Forschervortrag halten“. Nehmt dazu am besten ein A3-Blatt.
2. Schreibt diese Oberbegriffe an die einzelnen Gräten:

   Material **Quellen** **Plakat** **Vortrag** **Wissenstest**

   Sammelt dann alles, was zu diesen Oberbegriffen gehört und beschriftet die einzelnen Gräten.
3. Wenn ihr die Möglichkeit habt, eure Fischgräten zu fotografieren, klebt hier ein Foto davon ein:

4. Überlegt hinterher, für welche Vorhaben Fischgräten noch hilfreich sein können:

ein Abschlussfest organisieren

C6 Kreis-Diagramm

Wenn du zwei oder drei Dinge, Themen oder Meinungen miteinander vergleichen möchtest, kann dir ein Kreis-Diagramm helfen. Es besteht aus zwei oder drei Kreisen, dich sich überschneiden.

So geht's!

1. Jeder Kreis steht für einen Bereich.
2. In die Kreise schreibst du wichtige Begriffe oder Stichworte. Wenn du etwas findest, das beide gemeinsam haben, dann schreibst du es in den Überschneidungsbereich.

Jetzt du!

1. Überlege dir zwei Themen, Dinge oder Personen, die du miteinander vergleichen möchtest, zum Beispiel:

   Schule – früher und heute; zwei Figuren in einem Buch ...

2. Zeichne zwei Kreise, die sich überschneiden (siehe Abbildungen links).
3. Schreibe die beiden Themen außen an die Kreise.
4. Schreibe die Stichworte, die du den beiden Themen zuordnen kannst, jeweils in den passenden Kreis. Wenn etwas für beide gilt, schreibe es in den Überschneidungsbereich.

C7 Infoskizze

Eine Skizze ist eine schnelle Zeichnung, bei der es nicht auf Genauigkeit ankommt. Es wird nur das Wichtigste gezeichnet, damit jeder gleich erkennen kann, um was es geht.

Zu jedem Sachtext kannst du eine Infoskizze anfertigen, damit du den Inhalt noch besser verstehen und dir besser merken kannst. Besonders hilfreich sind Infoskizzen, wenn du einen Vortrag oder eine Präsentation vorbereiten willst oder dich von anderen abfragen lassen möchtest.

So geht's!

1. Zuerst liest du deinen Sachtext aufmerksam durch.
2. Lies ihn noch einmal und überlege dann, welches die wichtigsten Informationen oder Sätze sind.
3. Zeichne dazu einfache Skizzen. Übernimm die Reihenfolge der Informationen aus dem Text oder entscheide dich für eine neue.
4. Zu jeder einzelnen Skizze sollten nur 1–2 Wörter geschrieben werden!

Tiere im Winter: Schmetterlinge

Im Winter halten viele Tiere Winterschlaf, weil sie während dieser kalten Jahreszeit keine Nahrung finden können. Schmetterlinge verbringen ihren Winterschlaf in Baumhöhlen, auf Dachböden oder auch in Gartenhäusern. Dort ist es geschützt. Manche Schmetterlinge erwachen im März und schwärmen aus, um sich fortzupflanzen. Ihre Eier legen sie zum Beispiel auf den Blättern der Brennnessel ab. Dort können sie sich gut entwickeln, bis sie heranreifen und aus ihnen kleine Raupen schlüpfen.

Jetzt du!

1. Suche dir einen Sachtext zu einem Thema, das dich interessiert und notiere die Überschrift: ____________________

2. Lies den Text einige Male aufmerksam und konzentriert.

3. Welches sind die wichtigsten Informationen? Notiere sie in Stichworten oder kurzen Sätzen auf einen Zettel und bringe sie in eine Reihenfolge.

4. Fertige nun zu jeder Information eine Skizze an. Benutze einfache Symbole, Zeichen oder Pfeile, die jeder schnell verstehen kann. Schaffst du es ohne Wörter?

Meine Infoskizzen:

C8 Stichwortzettel

Stichwortzettel helfen dir, dich mit einem Blick an Wichtiges zu erinnern, zum Beispiel wenn du einen Vortrag halten möchtest.

So geht's!

Beim Stichwortzettel gibt es keine bestimmten Regeln.
Diese Tipps können dir aber helfen, Wichtiges wirkungsvoll zu notieren.

- Schreibe nur einzelne Stichworte auf, keine ganzen Sätze.
- Du kannst auch Zeichnungen anfertigen, die du beschriftest.
- Benutze Pfeile oder Striche, um Stichworte zu verbinden, die zusammen gehören, oder um die Reihenfolge deutlich zu machen, in der du etwas erzählen möchtest.
- Schreibe für jede neue Information einen neuen Stichwortzettel. Bringe sie am Schluss in eine sinnvolle Reihenfolge und nummeriere sie.

Jetzt du!

Stell dir vor, du hast die Aufgabe, in der Schule deinen Tagesablauf zu beschreiben. Bereite dich darauf vor, indem du einen Tag lang Stichwortzettel zu deinem Tagesablauf schreibst.

1. Nimm für jeden Tagesabschnitt einen neuen Stichwortzettel, zum Beispiel: Zuhause, Schulweg, Schule, Schulweg, Zuhause, Spielplatz, Zuhause...
2. Erzähle am nächsten Tag einem anderen Kind mit Hilfe deiner Stichwortzettel, was du gemacht hast.
3. Überlege anschließend: Welcher Stichwortzettel war besonders hilfreich und praktisch gestaltet. Schreibe oder zeichne ihn hier auf:

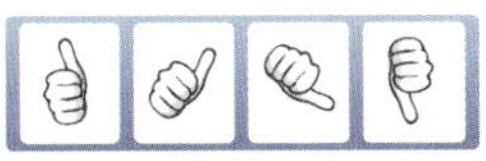

C9 Wörterbuch

Wenn du einen Text veröffentlichen willst, zum Beispiel auf einem Lernplakat, solltest du besonders auf die Rechtschreibung achten. Dabei hilft dir das Wörterbuch. In ihm stehen die Wörter **alphabetisch geordnet**, so dass du sie schnell finden kannst.

So geht's!

1. Überlege, wie das Wort geschrieben wird. Denke auch daran, dass manche Wörter anders geschrieben werden, als sie gesprochen werden (Beispiel: Vase oder Vogel).

2. Suche im Wörterbuch die Seite mit dem Anfangsbuchstaben des Wortes.

3. Schau nun auch nach dem 2. und 3. Buchstaben. Dabei hilft dir die Kopfzeile (Zeile am oberen Rand). Dort stehen Wörter oder Wortanfänge.

Tipp: Kannst du dein Wort nicht finden? Überlege, aus welchen Wörtern das Wort zusammengesetzt wird oder wie dein Wort in der Grundform geschrieben wird.

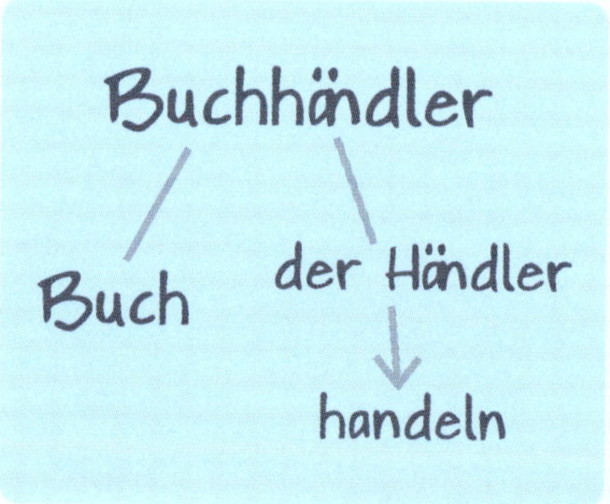

Jetzt du!

Suche diese Wörter im Wörterbuch. Gehe vor wie links beschrieben.

Notiere die Seitenzahl der Seite, auf der du das Wort gefunden hast und schreibe es richtig auf:

Seitenzahl: Wort:

Seitenzahl: Wort:

Seitenzahl: Wort:

Seitenzahl: Wort:

Seitenzahl: Wort:

Überlege dir selbst schwierige Wörter und schlage im Wörterbuch nach:

Wort: Seitenzahl:

Wort: Seitenzahl:

Wort: Seitenzahl:

Wort: Seitenzahl:

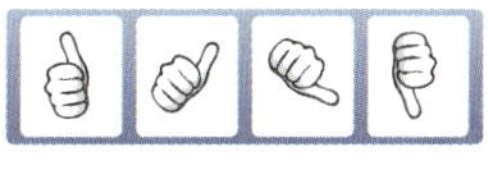

Gedächtnistraining

Lernforscher haben herausgefunden, dass es verschiedene Techniken gibt, sein Gedächtnis zu trainieren. Manche Menschen können sich etwas Neues besonders gut merken, wenn sie es hören, anderen fällt das Lernen leichter, wenn sie es sehen, lesen, aufschreiben oder auch darüber diskutieren.

Probiere die folgenden **vier Lerntechniken** aus und du wirst merken, mit welcher du dir am besten Informationen merken kannst.

Skizzentechnik: Lernen mit Skizzen und Bildern

Du hast zu einem Thema gearbeitet und willst dir nun die wichtigsten Sachverhalte mit Bildern merken.

So geht's!

1. Notiere dir, was du lernen willst, in Stichworten.
2. Fertige nun mehrere Skizzen zu deinen Notizen an.
3. Ergänze die Skizzen durch wenige wichtige Wörter.

Tipp: Schau dir auch → die Lernmethode „Infoskizzen“ an.

→ C7

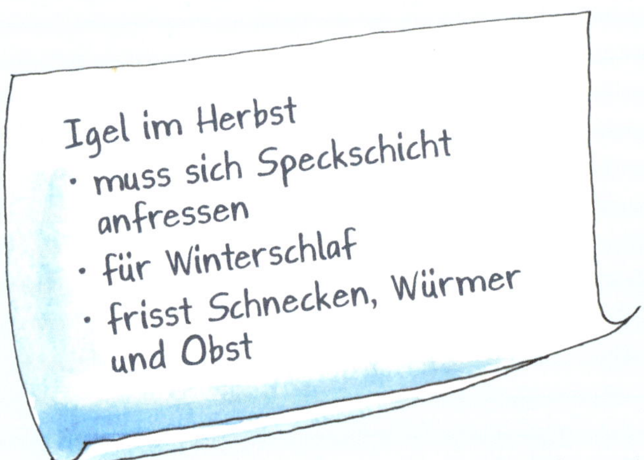

Schreibtechnik: Lernen durch Abschreiben

Du hast zu einem Thema gearbeitet und willst dir nun die wichtigsten Sachverhalte durch Schreiben merken:

So geht's!

1. Schreibe die wichtigsten Informationen sauber auf ein leeres Blatt. Achte darauf, dass du übersichtlich und ordentlich schreibst.
2. Besonders wichtige oder schwierige Informationen kannst du mit farbigen Stiften schreiben, unterstreichen oder umkreisen.

Hörtechnik: Lernen durch Zuhören

Du hast zu einem Thema gearbeitet und willst dir nun die wichtigsten Sachverhalte durch Zuhören merken. Dafür brauchst du einen Text mit den Informationen, die du lernen möchtest, einen Lernpartner oder ein Aufnahmegerät.

So geht's!

- Lass dir deinen Text öfter vorlesen. Probiere, wie du am besten zuhören kannst. **Tipp:** Schließe die Augen beim Zuhören. Dann entstehen Bilder im Kopf und das Merken geht noch leichter.
- Lass dir ein Stück vorlesen und sprich es nach.
- Lass dir deinen Text als Lückentext vorlesen. Sag immer laut, was in die Lücken gehört.
- Nimm deinen Text mit einem Aufnahmegerät auf und höre ihn dir mehrere Male an.

Lesetechnik: Lernen mit Lernkärtchen

Du hast zu einem Thema gearbeitet und willst dir nun die wichtigsten Sachverhalte durch Lesen merken.

So geht's!

1. Sammle Fragen oder Stichworte zu deinem Thema. Lies dafür noch einmal in deinen Unterlagen, die du zu diesem Thema schon bearbeitet oder angefertigt hast.
2. Überlege dir wichtige Fragen und passende Antworten.
3. Notiere jeweils eine Frage auf der Vorderseite eines Kärtchens und die Antwort auf der Rückseite.
4. Lies dir die Kärtchen immer wieder durch, bis du glaubst, dass du die Inhalte gut kennst.

Tipp: Mit Lernkärtchen kann du dich auch gut von anderen abfragen lassen.

Jetzt du!

Probiere alle vier Techniken aus.

Welche Technik gefällt dir am besten?

Warum?

D Informationen präsentieren

Informationen präsentieren D

Du hast zu einem Thema geforscht und die Informationen bearbeitet und sortiert. Jetzt möchtest du dein Wissen anderen vorstellen.

Auf den nächsten Seiten bekommst du Tipps, wie du deine Ergebnisse präsentieren kannst.

Du willst wissen, ...	Diese Lernmethoden helfen dir dabei:
... wie du ein Lernplakat übersichtlich gestaltest.	**D1 Lernplakat**
... wie du eine Ausstellung gestaltest.	**D2 Ausstellung**
... wie du einen Vortrag hältst.	**D3 Vortrag**
... wie du überprüfst, ob die Zuhörer bei einem Vortrag alles verstanden haben.	**D4 Quiz**
... wie du gut vorliest.	**D5 Vorlesen**

D1 Lernplakat

Wenn du zu einem Thema geforscht hast, kannst du deine Ergebnisse anderen sehr gut auf einem Lernplakat präsentieren.

Das Lernplakat zeigt den Zuschauern einen groben Überblick über die wichtigsten Informationen, die du herausgefunden hast. Dabei solltest du Folgendes beachten:

So geht's!

- Schreibe das Thema in großen Buchstaben. Vielleicht gestaltest du die Buchstaben noch besonders.
- Bilder (Fotos oder Zeichnungen) und Texte machen das Plakat abwechslungsreich.
- Mit Bildern kannst du Beispiele zeigen. Ein kleiner Text erklärt das Bild, Pfeile weisen auf Einzelheiten hin.
- Die Texte sind kurz und knapp. Oft ist es auch besser, nur Stichwörter zu schreiben.
- Wenn dein Plakat farbig ist, sind die Texte auf weißem oder hellem Papier am besten zu lesen. Die Zettel werden dann auf das Plakat geklebt.
- Sammle erst alle Texte und Bilder, verteile sie dann auf dem Plakat. Erst wenn es übersichtlich aussieht, klebst du alles auf und zeichnest Pfeile und Verbindungsstriche ein.

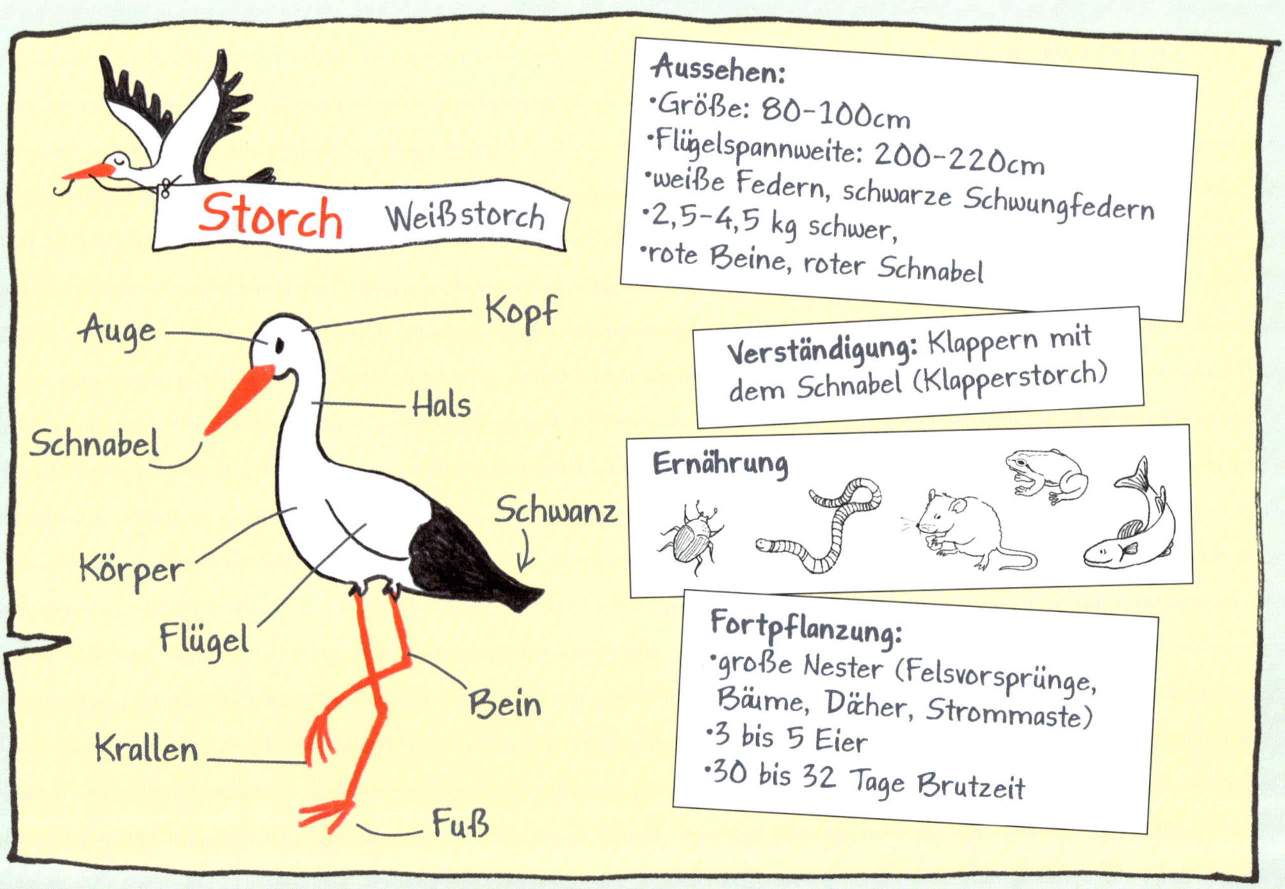

Jetzt du!

1. Überlege, zu welchem Thema du ein Lernplakat gestalten möchtest:

2. Sammle Informationen, plane und gestalte dein Lernplakat.

3. Hier kannst du ein Foto oder eine Skizze von deinem Lernplakat aufkleben:

D2 Ausstellung

Zu vielen Projekten bringen Kinder Gegenstände mit, die gut in einem kleinen Klassenmuseum ausgestellt werden können.

So geht's!

Diese Tipps können dir helfen, dein Museum übersichtlich zu gestalten:

- Über deiner Ausstellung weist ein großes Schild auf das Thema hin.
- Ein Stofftuch zeigt den Besuchern: Auf dem Tisch liegt etwas Besonderes.
- Kleine Informationskarten erklären den Besuchern, um welches Ausstellungsstück es sich handelt. Die Karten sollten ähnlich aufgebaut sein, damit die Besucher die einzelnen Teile vergleichen können.

Jetzt du!

1. Überlege, zu welchen Themen du ein Klassenmuseum einrichten könntest:

2. Gestalte eine Infokarte zu einem Ausstellungsstück für das Museum, das du am liebsten einrichten würdest. Überlege dir passende Oberbegriffe, die auf allen Infokarten deines Museums stehen würden, zum Beispiel: Name, Bezeichnung, Verwendung, Alter...

D3 Vortrag

Am Ende deiner Forscherarbeit kannst du dein Wissen vor der Klasse oder vor anderen Zuschauern in einem Vortrag präsentieren.

So geht's!

Diese Tipps helfen dir dabei, einen ansprechenden Vortrag zu gestalten:

Bereite den Vortrag gut vor:

- Schreibe alles, was du sagen möchtest, in → Stichworten auf Zettel oder Karten. → C8
- Übe deinen Vortrag vor deinen Eltern, Geschwistern oder Freunden.

So trägst du vor:

- Sieh deine Zuhörer während des Vortrages immer wieder an.
- Zeige Gegenstände, Bücher, Bilder, die du zu deinem Thema gefunden hast.
- Präsentiere auch ein → Plakat mit den wichtigsten Informationen oder schreibe wichtige Punkte an die Tafel. → D1
- Stelle Fragen („Kennt ihr ...?", „Was wisst ihr über ...?").
- Lass auch dein Publikum zwischendurch und am Ende Fragen stellen.

Und dann:

- Frage dein Publikum am Schluss:
  - „Was hat euch an meinem Vortrag gefallen?"
  - „Was kann ich beim nächsten Mal besser machen?"
- Teste das Wissen deines Publikums mit einem kleinen Arbeitsblatt, → Quiz oder Kreuzworträtsel. → D4

Jetzt du!

Plane deinen Vortrag:

Mein Thema:

Überprüfe mit dieser Checkliste, ob du an alles gedacht hast:

- ○ Stichwortzettel
- ○ Anschauungsgegenstände
- ○ zusätzliche Bilder
- ○ Plakat
- ○ Probevortrag vor kleinerer Gruppe
- ○ Quiz zur Überprüfung

Werte deinen Vortrag aus:

Wie hat dein Publikum deinen Vortrag beurteilt?

Hier kann jemand aus dem Publikum deinen Vortrag kommentieren:

Wie beurteilst du selbst deinen Vortrag? Was würdest du beim nächsten Mal anders machen?

D4 Quiz

Wenn du vor anderen einen Vortrag gehalten hast, ist es immer gut, wenn du auch überprüfst, ob du dein Wissen gut vermitteln konntest. Das kannst du zum Beispiel mit einem Quiz machen.

So geht's!

- Überlege dir, was deine Zuhörer auf jeden Fall nachher wissen und verstanden haben sollten. Bedenke: Sie müssen sich nicht an jede Einzelheit erinnern. Schwierig ist zum Beispiel genaue Zahlen wie Jahreszahlen, Größen oder Ähnliches zu behalten.
- Du hast verschiedene Möglichkeiten, dein Quiz zu gestalten:

◆ Fragen

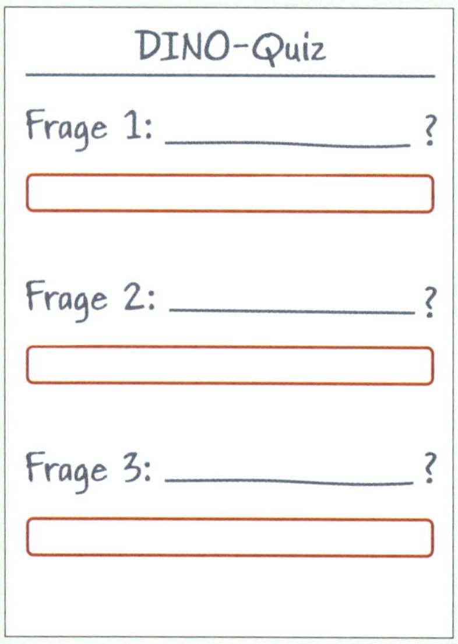

◆ Ankreuzbogen

◆ Lückentext

◆ Kreuzworträtsel

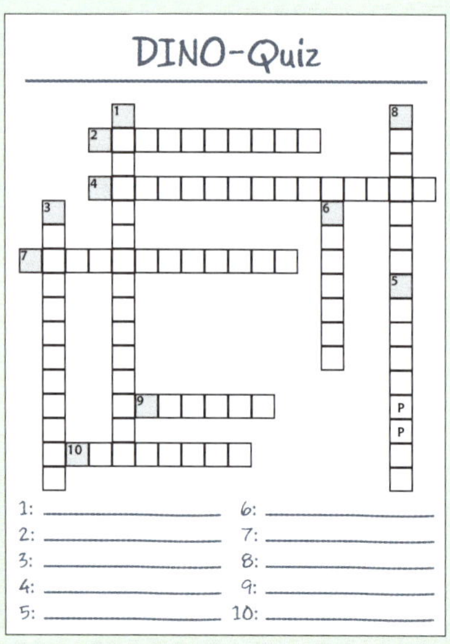

◆ Fragekartei

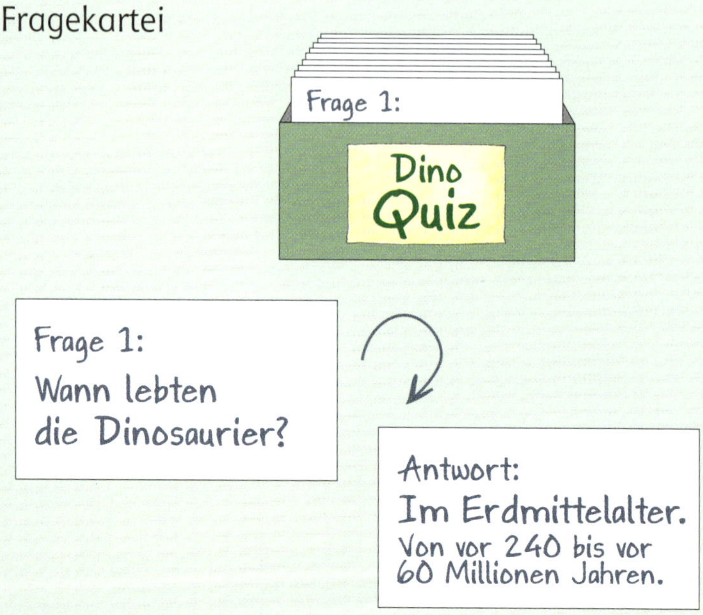

Jetzt du!

1. Für welche Quizform entscheidest du dich? ______________________

2. Entwickle ein Quiz für dein nächstes Projekt:

Mein Quiz zum Thema:

D5 Vorlesen

Wenn du anderen etwas vorlesen möchtest, musst du es vorher gut üben.

Die Zuhörer merken sofort, wenn du „nicht richtig bei der Sache bist“ oder fantasielos vorliest. Dann langweilen sie sich schnell.

Mit ein paar Tricks hast du die Aufmerksamkeit der Zuhörer schnell erobert.

So geht's!

1. Lies deinen Text in Ruhe durch. Überlege dir, welche Stellen wichtig sind und wie du sie am besten betonen möchtest.

   Denke dir Zeichen aus für

   Tempo zum Beispiel: langsam  schnell  Pause 

   Lautstärke zum Beispiel: laut  leise 

   Stimme zum Beispiel: Betonung 

   Betonung wörtliche Rede „lustig“  „traurig“ 

   Geräusche 

   Blickkontakt zum Beispiel: 

   und kennzeichne damit die passenden Textstellen.
2. Lies den Text nun laut vor, sprich deutlich und „verschlucke“ keine Endungen.
3. Versuche beim Lesen ab und zu hochzuschauen (zum Publikum).

Tipp: Suche dir einen Partner zum Probevorlesen!

Jetzt du!

So ein Affentheater

Am Wochenende besucht Julia mit ihrer Familie den Zoo. Alle freuen sich schon seit Tagen auf diesen Ausflug, denn im Affenhaus gibt es zwei kleine Affenbabys zu bestaunen. „Wann sind wir denn endlich da?“, mault Julias Bruder Tom im Auto. Julia hat es ihm nun schon zweimal erklärt und wiederholt ihre Antwort noch einmal freundlich: „Tom, siehst du das große Schild da vorne? Dort müssen wir rechts abbiegen und dann nur noch einen Parkplatz finden. Dann sind wir da.“ Nach ein paar Minuten ist es dann endlich soweit: Das Auto ist geparkt, die Rucksäcke sind auf den Schultern und alle reihen sich in die lange Warteschlange ein, um die Eintrittskarten zu kaufen. Dann stürmen Julia, ihre Familie und auch die anderen Besucher in Richtung Affenhaus. Der Andrang ist groß, denn jeder will die kleinen Affenbabys entdecken. Als sie endlich vor der großen Glasscheibe stehen, trauen sie ihren Augen nicht...

Die beiden Affenbabys bewerfen sich gegenseitig mit Bananenschalen. Eine landet plötzlich auf dem Kopf des einen Äffchens. Jetzt hüpft es damit über die Seile und Kletterstangen. Julias Mutter murmelt leise zum Vater: „Dieses Affentheater kommt mir irgendwie bekannt vor...“

1. Lies den Text leise.
2. Markiere die wörtliche Rede farbig. Benutze für Tom und Julia unterschiedliche Farben.
3. Notiere am Rand, wie du die wörtliche Rede betonen musst (fröhlich, motzig, traurig, nett ...).
4. Denke dir Zeichen aus für: Tempo, Lautstärke, Blick zum Publikum und besondere Betonung. Notiere sie hier und baue sie im Text ein:
5. Lies nun deinen Text laut und beachte dabei deine Zeichen.
6. Wenn du den Text flüssig lesen kannst, suche dir einen Partner und lies ihm vor. Lass dir weitere Tipps geben.

Kurze Information für Lehrerinnen und Lehrer

Liebe Lehrerinnen und Lehrer,

mit diesem Arbeitsheft halten die Kinder einen wertvollen Begleiter für ihr selbstständiges Lernen und Arbeiten in den Händen. Bei allen offenen Lern- und Forschersituationen, wie zum Beispiel bei der Werkstattarbeit (➜ SCHUBI-Lernwerkstätten 3./4. Klasse, Art-Nr. 114 60 u.a.), in denen sich die Kinder Lerngegenständen eigenständig nähern – Fragen und Ideen sammeln, Informationen recherchieren, aufbereiten und präsentieren – bietet es eine ideale Unterstützung.

Für den Schulalltag relevante Methoden werden hier anschaulich dargestellt. Die Kinder können diese sofort im Heft anwenden, einüben und reflektieren. So bekommen sie die Möglichkeit, auf kindgerechte Art und Weise ihre **Methodenkompetenz** zu entwickeln.

Das Heft vermag es auf kleinstem Raum teilweise sehr komplexe Methoden kindgerecht zu erläutern. Es wird aber empfohlen, wichtige Methoden und Techniken gemeinsam einzuführen und einzuüben. Ist dies geschehen, kann das Methodenheft „So geht's!" ein schlauer und motivierender Ratgeber an der Seite der Kinder sein, mit dem Kinder selbstständig umgehen und der sie neugierig macht: auf das eigenständige Erforschen und Erkunden von spannenden Lerninhalten!

Wir wünschen Ihnen und Ihren Kindern viel Freude damit!

S. Sperling Bernd Jockel